TIERE SCHAUEN DICH AN

Tiere in Eis und Schnee

Hannah Kate Sackett

Illustrationen von Martin Camm

Aus dem Englischen von Ingrid Ickler

Patmos

In der Reihe *Tiere schauen dich an* ist bei Patmos außerdem erschienen:
Tiere am Wasser von Hannah Kate Sackett

Hannah Kate Sackett (Text)
Martin Camm (Bilder)
Tiere schauen dich an
Tiere in Eis und Schnee

Aus dem Englischen von Ingrid Ickler

Text and Illustrations © 2002 Firecrest Ltd, Martin Camm, and Hannah Sackett
Created and produced by Firecrest Books Ltd in association with Martin Camm
and Hannah Sackett as *Animal Faces On Snow and Ice*

Art Director und Projektleitung: Peter Sackett
Lektorat der Originalausgabe: Norman Barrett
Layout und Gestaltung: Phil Jacobs
Umschlaggestaltung: Heike Ossenkop pinxit, CH-Basel
unter Verwendung einer Illustration von Martin Camm

Bibliografische Information der Deutschen Bibliothek
Die Deutsche Bibliothek verzeichnet diese Publikation in der Deutschen
Nationalbibliografie; detaillierte bibliografische Daten sind im Internet
über http://dnb.ddb.de abrufbar.

© der deutschsprachigen Ausgabe
2003 Patmos Verlag GmbH & Co. KG, Düsseldorf
Alle Rechte vorbehalten
Printed in Dubai
ISBN 3-491-42015-6
www.patmos.de

Inhalt

Moschusochse

Im äußersten Norden der Erde liegt die Arktis. In dieser trockenen, eisbedeckten Gegend rund um das Nordpolarmeer überleben nur die widerstandsfähigsten Tiere. Zu ihnen gehört der Moschusochse. Er hat einen dichten, zotteligen Pelz und lange, gebogene Hörner. Im Winter benutzen die Moschusochsen ihre Hörner, um sich durch Eis und Schnee zu graben. Nur so erreichen sie die Flechten und Moose am Boden. Außerdem können sie ihre Herde mit ihren Hörnern gut gegen Wölfe und wilde Hunde verteidigen.

4

Rentier

Ein anderer Arktisbewohner ist das Rentier. Auch die weiblichen Rentiere haben ein Geweih, das ist nur bei dieser Hirschart so. Das Geweih ist groß und hat viele Spitzen. Die Männchen benutzen es vor allem in der Paarungszeit, wenn sie um ein Weibchen kämpfen. Rentiere werfen ihr Geweih vor dem Winter ab, im Frühling wächst ihnen ein neues.

Stechmücke

Die Tiere der Arktis müssen lange, harte Winter überstehen. Im Frühling und im Sommer wird es zwar wärmer und es gibt mehr zu fressen, doch dafür ist die Luft voller Stechmückenschwärme. Stechmücken schlüpfen aus Eiern, die aus dem vorigen Jahr überwintert haben. Sie haben einen Rüssel, mit dem sie Saft aus den Pflanzen saugen. Die Weibchen saugen außerdem Blut von anderen Tieren und hinterlassen dabei eine lästige, juckende Stelle auf der Haut der Opfer.

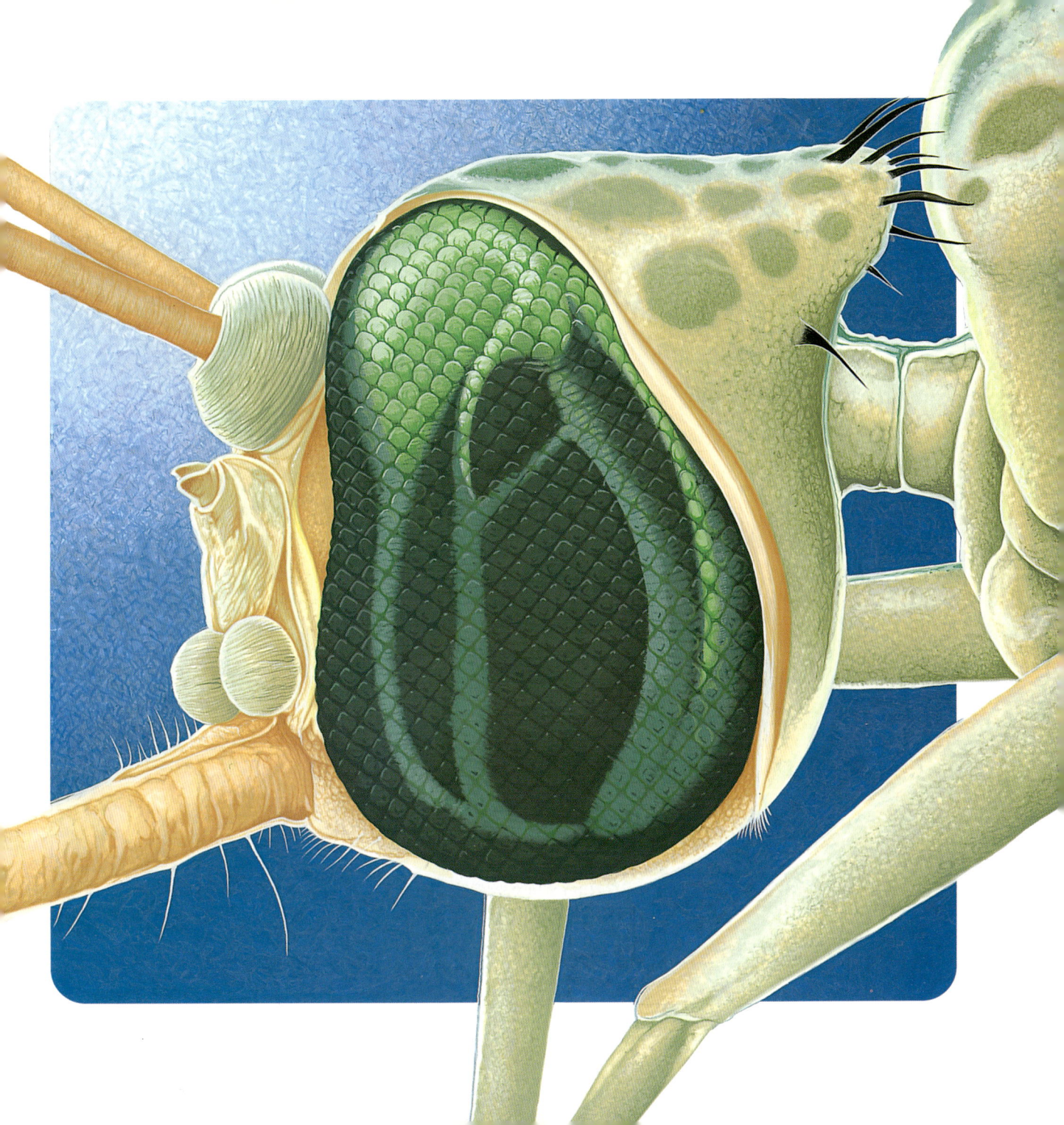

Schnee-Eule

Die Arktis ist auch die Heimat vieler Vögel. Einer von ihnen ist die Schnee-Eule. Anders als bei anderen Vögeln sitzen bei Eulen die Augen nicht seitlich am Kopf, sondern mitten im Gesicht. Sie können ihre Augen nicht bewegen und müssen deshalb ihren Kopf sehr weit drehen, um zur Seite oder nach hinten sehen zu können. Ihren Namen haben die Schnee-Eulen von ihrem grau-weißen oder schneeweißen Federkleid. So getarnt, sind sie in der schneebedeckten Umgebung kaum zu sehen und können sich unbemerkt auf ihre Beute stürzen.

Polarfuchs

Auch der Polarfuchs ist durch die Farbe seines Felles von seiner Umgebung nur schwer zu unterscheiden. Im Sommer ist das Fell grau-braun, im Winter färbt es sich schneeweiß. Der Fuchs hat kleine Ohren, die einen dichten Pelz tragen. So bleiben sie auch im Winter schön warm. Einige Polarfüchse leben auf Inseln im Nordpolarmeer.

Narwal

Im Nordpolarmeer leben viele seltsame Tiere. Eines von ihnen ist der Narwal, eine kleine Walart, bei der die Männchen einen langen Stoßzahn mitten im Gesicht haben, der wie ein dickes Tau aussieht. Manchmal ist der Stoßzahn auch bei Weibchen zu finden, manche Männchen haben sogar zwei Stoßzähne. Der Stoßzahn entwickelt sich aus einem Schneidezahn, doch wozu Narwale ihn brauchen, ist noch immer ein Rätsel.

Walross

Das Walross hat zwei große, Furcht einflößende Hauer. Mit diesen verlängerten Eckzähnen bricht das Walross Atemlöcher ins Eis und wühlt am Meeresboden nach Nahrung. Die borstigen Bart- oder Tasthaare in seinem Gesicht helfen dem Walross auf dem dunklen Meeresboden Krebse, Muscheln und Seeigel zu finden. Eigentlich leben Walrosse im Wasser, aber sie liegen auch gerne stundenlang am Ufer seichter Buchten oder lassen sich auf Eisschollen treiben.

Eisbär

Alle Arktisbewohner müssen sich vor dem größten und stärksten Jäger auf dem Eis in Acht nehmen: dem Eisbär. Seine liebsten Beutetiere sind Robben. Mit seiner feinen Nase kann er selbst mehrere Kilometer weit entfernte Beute riechen. Sogar Seehunde, die in Höhlen versteckt unter mehreren Schichten Eis und Schnee leben, sind vor ihm nicht sicher.

Schwertwal

Es gibt zwei Könige der Arktis: Der Eisbär beherrscht das eis-bedeckte Land, der Schwertwal das Wasser. Schwertwale, auch Orcas genannt, sind große Delfine. Der Kiefer dieser Räuber ist mit scharfen Zähnen gespickt. Sie jagen Tintenfische und sogar Delfine und kleinere Wale, am liebsten jedoch fressen sie See-hundfleisch. Mit ihren starken, stumpfen Schnauzen brechen sie von unten Löcher ins Eis, tauchen plötzlich aus dem Wasser auf und stürzen sich dann auf ihre Beute. Schwertwale leben auch am anderen Ende der Erde, in den Meeren des Südpolargebiets.

Eisfisch

Gemeinsam mit den Schwertwalen leben die Eisfische im
Südpolarmeer an der Antarktis. Sie haben schnabelförmige
Gesichter mit dicken Lippen und großen Glupschaugen.
Deshalb nennt man sie manchmal auch Krokodilfische.
Im Gegensatz zu anderen Fischen haben sie keine Schuppen.
Da ihr Blut farblos und fast durchsichtig ist, sehen sie blass
und gespenstisch aus.

Graukopfalbatros

Über allen Meeren der Südhalbkugel schwebt der Albatros. Die größte Albatrosart ist der riesige Wanderalbatros, es gibt aber auch mittelgroße und kleine Arten, wie den Graukopfalbatros. Graukopfalbatrosse haben kräftige, gekrümmte Schnäbel mit leuchtend hellgelben und orangefarbenen Streifen. Albatrospärchen putzen sich mit ihren Schnäbeln gegenseitig das Gefieder. Ein Pärchen bleibt das ganze Leben zusammen und fliegt jeden Sommer den gleichen Brutplatz an.

See-Elefant

Einige Tiere zieht es nur in den wärmeren Sommermonaten in die Antarktis. Eines von ihnen ist der See-Elefant. Seinen Namen verdankt er seiner langen, grauen Nase, die ein bisschen wie ein Elefantenrüssel aussieht. Um andere Männchen aus ihrem Revier zu vertreiben, blasen See-Elefantenbullen ihren Nasenrüssel auf und brüllen laut. Obwohl See-Elefanten robuste Tiere sind, können sie den Winter im Südpolargebiet nicht überleben und ziehen während dieser Zeit in wärmere Gewässer.

Kaiserpinguin

Eines der wenigen Tiere, die auch im bitterkalten Winter in der Antarktis leben, ist der Kaiserpinguin. Diese Tiere nutzen die Wintermonate sogar zum Brüten und zur Aufzucht der Jungen. Sie haben schmale, schwarze Köpfe und sind am Hals leicht orange gefärbt. Ihre Eier und ihre Küken tragen sie auf den Füßen und halten sie unter einer Hautfalte am Bauch sicher und warm. Nur so sind sie vor der eisigen Kälte geschützt. Manchmal kann man ein kleines Küken mit seinem schwarz-weißen Gesicht aus seinem Versteck hervorlugen sehen.

Wenn du mehr wissen willst

Die Tiere aus diesem Buch leben in den Polargebieten unserer Erde, in einer Welt aus Schnee und Eis. In diesem Teil des Buches erfährst du mehr über diese Tiere: Wo sie leben, mit wem sie verwandt sind, wovon sie sich ernähren und wer ihre größten Feinde sind. Vom zotteligen Moschusochsen der Arktis bis zum widerstandsfähigen Kaiserpinguin der Antarktis: Hier lernst du sie noch näher kennen.

Moschusochse
Familie: Der Moschusochse ist mit Rindern, Wasserbüffeln und Bisons verwandt.
Hier leben sie: Im Norden Kanadas, in Alaska, Grönland und Norwegen.
Davon ernähren sie sich: Pflanzen, hauptsächlich Gras.
Feinde: Wölfe und Menschen. Um 1960 war der Moschusochse fast ausgestorben.
Ihre Größe: Die Männchen können bis zu 400 Kilogramm schwer werden.

Rentier
Familie: Rentiere gehören zur Familie der Hirsche, wie das Rotwild, die Elche und die Wapitis.
Nahe Verwandte: Rentiere haben große Ähnlichkeit mit den nordamerikanischen Karibus.
Davon ernähren sie sich: Im Sommer fressen sie Gräser und Blätter, im Winter Flechten
Feinde: Wölfe, Vielfraße, Luchse und Menschen.

Stechmücke
Familie: Stechmücken gehören zu den Zweiflüglern, wie Fliegen und Mücken.
Andere Stechmückenarten: Es gibt mehr als 3000 verschiedene Arten.
Davon ernähren sie sich: Pflanzensaft. Die Weibchen saugen außerdem Blut, damit ihre Eier wachsen können.
Feinde: Insektenbekämpfungsmittel.
Besonderheiten: Die Weibchen können Krankheiten übertragen, wie z. B. Malaria.

Schnee-Eule
Familie: Verwandte Eulen sind die Schleiereule und die Waldohreule.
Hier leben sie: Sie brüten in der Arktis und ziehen im Winter nach Süden.
Davon ernähren sie sich: Kleine Säugetiere wie Lemminge und Hasen.
Feinde: Menschen. In Kanada und Schottland stehen Schnee-Eulen unter Artenschutz.
Besonderheiten: Bei Gefahr stellen sich junge Schnee-Eulen tot.

Polarfuchs
Familie: Füchse gehören, genau wie Wölfe und Schakale, zur Familie der Hunde.
Weitere Fuchsarten: Rotfuchs, Fennek, Löffelhund.
Hier leben sie: Küsten und Inseln am Nordpolarmeer.
Davon ernähren sie sich: Kleine Säugetiere, Vögel und Vogeleier.
Größe: fast sechzig Zentimeter lang, etwa dreißig Zentimeter langer Schwanz.

Narwal
Familie: Sie gehören, wie die Belugas, zur Familie der Weißwale.
Hier leben sie: An den Küsten und in den Flüssen der Arktis.
Davon ernähren sie sich: Fische und Tintenfische.
Feinde: Narwale werden wegen ihres Stoßzahns von Menschen gejagt.
Größe: Sie werden dreieinhalb bis fünf Meter groß. Der Stoßzahn kann bis zu zwei Meter siebzig lang werden.

Walross
Familie: Walrosse sind Seehunde und eng mit Seelöwen und Pelzrobben verwandt.
Unterschiedliche Arten: Das pazifische Walross ist größer als das atlantische, hat aber kleinere Hauer.
Hier leben sie: In arktischen Gewässern Nordamerikas, Europas und Asiens.
Davon ernähren sie sich: Sie fressen Venusmuscheln und Seeigel.
Feinde: Eisbären und Menschen.

Eisbär
Familie: Die nächsten Verwandten sind Wölfe, Hyänen und andere Fleischfresser.
Andere Bärenarten: Grizzlybär, Schwarzbär, Brillenbär und Malaienbär.
Hier leben sie: In der Arktis, vor allem auf riesigen Eisschollen.
Davon ernähren sie sich: Seehunde, Fische, Karibus, Lemminge.
Größe: Ein Eisbär wird zweieinhalb bis dreieinhalb Meter groß.

Schwertwal

Familie: Obwohl er Schwertwal heißt, gehört er zu den Delfinen.
Andere Delfinarten: Großer Tümmler, Weißstreifendelfin, Grindwal.
Hier leben sie: Schwertwale sind in allen Weltmeeren verbreitet.
Davon ernähren sie sich: Seehunde, Pinguine, kleine Wale und Delfine, sowie Fische.
Feinde: Menschen fangen sie, um sie in Delfinshows vorzuführen.

Eisfisch

Familie: Es gibt sechzehn verschiedene Eisfischarten in der Antarktis.
Hier leben sie: Im Südpolarmeer, in der Nähe des Südpols.
Davon ernähren sie sich: Andere Fische, die sie unzerkaut verschlucken.
Größe: Sie werden bis zu sechzig Zentimeter lang.
Besonderheiten: Ihr Blut ist nicht rot, sondern fast durchsichtig.

Graukopfalbatros

Familie: Er gehört, wie auch die Sturmvögel, zu den Hochseevögeln.
Weitere Albatrosarten: Schwarzfußalbatros, Königsalbatros, Dunkelalbatros und Wanderalbatros.
Hier leben sie: Über allen Meeren der Erde, außer dem Nordatlantik.
Davon ernähren sie sich: Fische, Tintenfische und Plankton.
Größe: Ihre Flügelspannweite beträgt über zwei Meter.

See-Elefant

Familie: Familie der Hundsrobben (wie Wedell-Robben und Atlantische Seehunde).
Hier leben sie: An den Küsten und auf den Inseln der Antarktis.
Davon ernähren sie sich: Fische und Tintenfische.
Größe: Als größte Robbenart werden sie bis zu fünf Meter groß.
Besonderheiten: Sie können bis zu zwei Stunden unter Wasser bleiben, ohne Luft zu holen.

Kaiserpinguin

Familie: Kaiserpinguine gehören zu den nicht flugfähigen Vögeln, wie die Königspinguine, die Goldschopfpinguine und die Zwergpinguine.
Hier leben sie: An den Küsten der Antarktis.
Davon leben sie: Fische, Tintenfische und Schalentiere.
Größe: Größter Vertreter der Pinguinfamilie: kann bis zu einem Meter groß werden.
Besonderheiten: Er kann selbst im antarktischen Winter überleben.

Stichwörter